古墳空中探訪［列島編］

梅原章一

今尾文昭 解説

新泉社

はじめに

　見る者を圧倒する。あまりに巨大で、地上からはただの森か小山にしか見えない。だが、上空から俯瞰して見ると、巨大な前方後円墳であり、そして古墳群であることを知ることができる。造営された当初の、全体を石でおおい、埴輪をめぐらせていたであろう姿を想像するだけでも、謎多き巨大古墳の被葬者の強大な経済力・権力を読みとることができる。

　この列島編では、大阪の古市古墳群と百舌鳥古墳群の巨大古墳を中心に、列島各地の代表的な古墳を収録した。

　いまから半世紀近く前の1970年夏のこと、大阪の写真プロダクションに勤めていた私は、ある企業から社屋・工場を空撮してほしいという注文を受け、はじめて八尾飛行場から小型単発機セスナ172型機で飛び立った。

　離陸してまもなく、眼下に、日本一大きな大山古墳をはじめとする百舌鳥古墳群があらわれた。まるで護衛艦に囲まれた航空母艦のような威容が網膜に焼き付いた。学生時代から歴史好きだった私は、空から被葬者の権力の大きさを実感できたことのおもしろさに強烈にひかれた。まもなくカメラマンとして独立し、大阪を拠点に企業からの依頼で空撮の仕事をするようになった私は、みずから飛行機をチャーターして古墳を撮影するようになったのである。

最初は漠然と撮っていたが、そのうち念入りな下調べが欠かせないと気づいた。地形図を広げたり現地を歩いて観察し、どの方向から写すか、何時ごろの日差しがいいか、季節はどうかなどを考慮するとともに、古墳が築造された当時の地形を調べ、現在の風景と見くらべて構図を考えるようになった。

　本書に収録した大阪府高槻市の今城塚古墳は、継体大王の墳墓との見方が強いが、越前育ちの継体が豪族らの反発を受け、20年後にようやく大和入りができたという逸話を念頭に、古墳の彼方に奈良をのぞむ構図で大王の思いを表現してみた。また、兵庫県神戸市の五色塚古墳では、山陽道を間近に、明石海峡をへいげいするような構図にすることで、この古墳の被葬者が交通の要衝をおさえる有力な首長であったことを表現した。

　こうして私の古墳空撮は、岩手県にある最北端の角塚古墳から、鹿児島県にある最南端の唐仁大塚古墳まで、列島全域におよぶことになった。

　各地の古墳を空撮していくと、いずれも海や山、川といった地形と地理的特色をうまく利用し、耕地や道、潟湖といった生産・交通の重要な地点をおさえるように造営されていることが観察できる。読者のみなさんにも、そうした観点で本書を見ていただきたい。

はじめに　2
古墳地図：列島編　6

大阪を飛ぶ　9

古市古墳群

津堂城山古墳 ……………………… 15
誉田御廟山古墳 …………………… 18
市野山古墳 ………………………… 20
仲ツ山古墳 ………………………… 21
古室山古墳 ………………………… 21
墓山古墳 …………………………… 22
岡ミサンザイ古墳 ………………… 22
高屋築山古墳 ……………………… 25
軽里大塚古墳 ……………………… 25
白髪山古墳 ………………………… 25
黒姫山古墳 ………………………… 26
河内大塚山古墳 …………………… 27
松岳山古墳 ………………………… 28
高鷲丸山古墳 ……………………… 29

百舌鳥古墳群

大山古墳 …………………………… 34
百舌鳥陵山古墳 …………………… 38
いたすけ古墳 ……………………… 38
百舌鳥御廟山古墳 ………………… 38
土師ニサンザイ古墳 ……………… 39
田出井山古墳 ……………………… 39

淡輪古墳群

淡輪ニサンザイ古墳 ……………… 42
西陵古墳 …………………………… 43

河内・和泉の古墳

金山古墳 …………………………… 45
摩湯山古墳 ………………………… 46
久米田貝吹山古墳 ………………… 46
心合寺山古墳 ……………………… 47
和泉黄金塚古墳 …………………… 48
帝塚山古墳 ………………………… 51
春日向山古墳 ……………………… 52
山田高塚古墳 ……………………… 52
叡福寺北古墳 ……………………… 53

淀川北岸の古墳

今城塚古墳 ………………………… 59
太田茶臼山古墳 …………………… 61

コラム｜大王の埴輪祭祀場　62

近畿周辺を飛ぶ　63

山城の古墳

恵解山古墳 ………………………… 65
椿井大塚山古墳 …………………… 66
御廟野古墳 ………………………… 67
伏見桃山陵 ………………………… 68

丹波・丹後の古墳

雲部車塚古墳 ……………………… 70
千歳車塚古墳 ……………………… 71
網野銚子山古墳 …………………… 73
神明山古墳 ………………………… 74

播磨の古墳

五色塚古墳 ………………………… 76

コラム｜五色塚古墳の復元墳丘　78

古墳空中探訪 列島編　目次

丁瓢塚古墳 ……………… 79
行者塚古墳 ……………… 79
玉丘古墳 ………………… 80
壇場山古墳 ……………… 81
山之越古墳 ……………… 81
竜山石採石遺跡 ………… 82
石の宝殿 ………………… 82

近江の古墳

安土瓢箪山古墳 ………… 84

東へ飛ぶ　85

三重の古墳

馬塚古墳 ………………… 86
女良塚古墳 ……………… 86

愛知の古墳

断夫山古墳 ……………… 87
八幡山古墳 ……………… 88
味美二子山古墳 ………… 89

長野・山梨の古墳

森将軍塚古墳 …………… 90
甲斐銚子塚古墳 ………… 92

関東の古墳

龍角寺岩屋古墳 ………… 93
埼玉古墳群 ……………… 94
稲荷山古墳 ……………… 95
舟塚山古墳 ……………… 96
上侍塚古墳 ……………… 97
下侍塚古墳 ……………… 97
浅間山古墳 ……………… 100
朝子塚古墳 ……………… 101

太田天神山古墳 ………… 101
保渡田古墳群 …………… 102
綿貫観音山古墳 ………… 103
七興山古墳 ……………… 104

東北の古墳

雷神山古墳 ……………… 105
遠見塚古墳 ……………… 106
角塚古墳 ………………… 107

コラム│塚廻り古墳群の女性埴輪　108

西へ飛ぶ　109

中国・四国の古墳

尾上車山古墳 …………… 110
浦間茶臼山古墳 ………… 111
造山古墳 ………………… 112
作山古墳 ………………… 113
両宮山古墳 ……………… 114
鏡塚古墳 ………………… 115

九州の古墳

金立銚子塚古墳 ………… 116
御塚古墳 ………………… 116
権現塚古墳 ……………… 116
石人山古墳 ……………… 118
岩戸山古墳 ……………… 118
亀塚古墳 ………………… 119
西都原古墳群 …………… 120
男狭穂塚古墳 …………… 123
女狭穂塚古墳 …………… 123
鬼の窟古墳 ……………… 123
唐仁大塚古墳 …………… 124
横瀬古墳 ………………… 125

あとがき　127

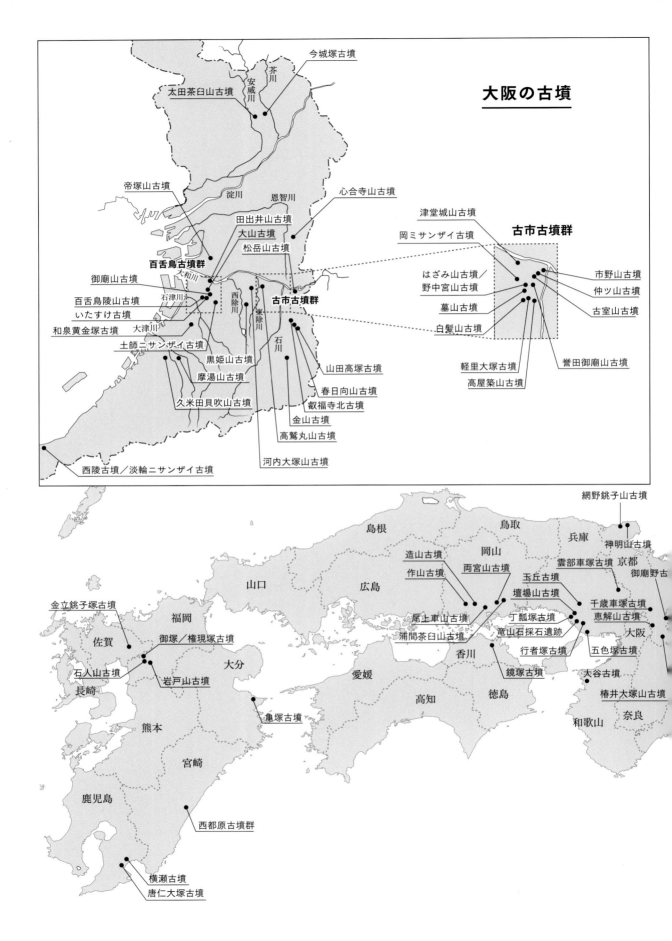

古墳地図：列島編

読者のみなさんへ

○ 本書では、全国を「大阪」「近畿周辺」「東」「西」の４つに大
　きく分け、その中をいくつかの地区に分けて構成しました。
　それらは厳密な区分けではなくひとつの目安と考えてくだ
　さい。たとえば「古市古墳群」の項に、古市古墳群には入り
　ませんが、同じ地域にある古墳を入れてあります。

○ 撮影時の飛行ルートなどの都合上、「近畿周辺を飛ぶ」では
　旧国名で並べ、「東へ飛ぶ」「西へ飛ぶ」では現地域ブロッ
　ク・県別で並べてあります。

○ 各古墳の解説は今尾文昭が担当し、それ以外の文章は著者が
　記しました。

○ 各古墳の解説文の「時期」「墳長」「名称」などには別の情報
　が示される場合があります。本書の解説は、ひとつの目安と
　考えてください。

○ 各古墳群の古墳は、おおよそ時期別に配列しましたが、一
　部、時期が前後しているページもあります。

大阪を飛ぶ

大王墓の中心が河内へ移動する倭の五王の時代、列島最大の大山古墳（百舌鳥古墳群）や第2位の誉田御廟山古墳（古市古墳群）といった超大型古墳が河内平野でつぎつぎとつくられる。これらの巨大古墳は大きすぎて、地上から見るとただの森にしか見えない。飛行機に乗って空から見ることで、その全貌をつかむことができる。巨大古墳時代を理解する手助けになればと、古墳が立地する地形や古墳群の配置に注意して毎回撮影している。

古市古墳群

百舌鳥古墳群

淡輪古墳群

河内・和泉の古墳

淀川北岸の古墳

古市古墳群

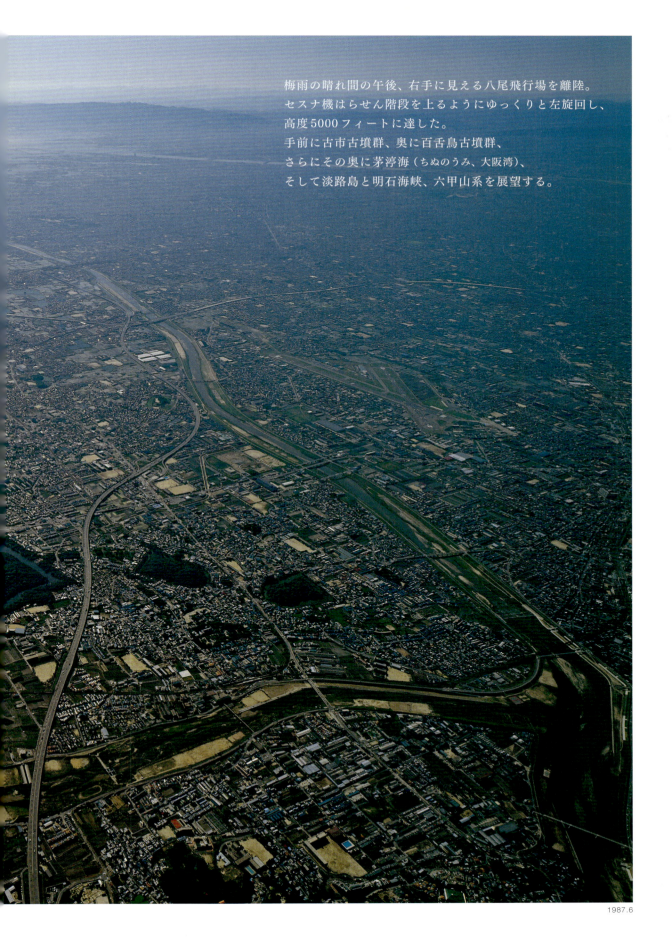

梅雨の晴れ間の午後、右手に見える八尾飛行場を離陸。
セスナ機はらせん階段を上るようにゆっくりと左旋回し、
高度5000フィートに達した。
手前に古市古墳群、奥に百舌鳥古墳群、
さらにその奥に茅渟海(ちぬのうみ、大阪湾)、
そして淡路島と明石海峡、六甲山系を展望する。

1987.6

2017.6

古市古墳群の西上空よりフタコブラクダのような二上山、
そしてその奥に奈良盆地をのぞむ。
倭の五王の時代、河内で巨大前方後円墳がつくられた。
鳥になったつもりで、その配置を見てほしい。

古市古墳群
ふるいちこふんぐん

石川左岸に沿って、北にのびる羽曳野丘陵の先端（最先端を国府台地とよぶ場合もある）に築かれた大古墳群。古墳時代中期（およそ5世紀代）を中心に約120基あまりの古墳が南北4km、東西3kmの範囲に集中する。誉田御廟山古墳（現、応神天皇陵）や仲ツ山古墳（現、仲姫命陵）といった超大型前方後円墳が含まれる。5世紀の倭政権の大王墓やその有力者たちの古墳とみられる。

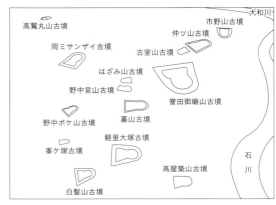

1987.6

2017.6

津堂城山古墳
つどうしろやまこふん

藤井寺市津堂／古墳時代前期末葉—中期初葉／
前方後円墳／墳長208m

古市古墳群の中心からは、北西に離れた位置にある。古墳群のなかでは、北端で最初に出現した大型前方後円墳である。墳丘をとり巻き住宅が建ちならび、よく見ると盾形になる。かつて「周庭帯」とよばれた部分だが、発掘調査により内堤と二重めの周濠（外濠、外堤）になることが判明した。前方部北側内濠に島状遺構があり、水鳥形埴輪が出土した。後円部の竪穴式石槨には、長持形石棺が収まる。

2017.6

誉田御廟山古墳上空から、北方、高層ビルの建ち並ぶ上町台地をのぞむ。
上町台地は、古代には四天王寺、近世には大坂城、
そして現代は近鉄アベノハルカス（ひときわ高いビル）と
つねに大阪のランドマークがつくられる場所だ。

2017.6

誉田御廟山古墳上空から北西方向をのぞむ。
右手前の山は『日本書紀』に記された高安城（たかやすのき）といわれ、
その奥が生駒山。山頂から左手に見わたせる低地には
かつて河内湖が広がっていた。

誉田御廟山古墳
こんだごびょうやまこふん

羽曳野市誉田6丁目／古墳時代中期前葉／
前方後円墳／墳長425m

列島第2位の墳丘規模をもち、前方部を北に向ける超大型前方後円墳。羽曳野丘陵に築かれた。ただし、墳丘西側は大乗川（写真右側から中央手前）のある低地部にかかる。二重周濠で、周濠東側（写真左側）には先行して築かれた二ツ塚古墳がある。そのため、内堤を内側に寄せている。後円部側の中央南側（写真奥）は誉田八幡宮、前方部側の中央北側（写真手前）は誉田丸山古墳と大鳥塚古墳である。

2017.6

古市古墳群のなかの巨大古墳。
手前から、市野山古墳、仲ツ山古墳、隣接して古室山古墳、
高速道路をへだてて誉田御廟山古墳。

2017.6

「土師の里」を俯瞰して撮影。

仲ツ山古墳 なかつやまこふん

藤井寺市沢田4丁目／古墳時代中期初葉／
前方後円墳／墳長290m
古市古墳群のなかでも最高所に築かれ、前方部を南西に向ける。幅の広い外堤部に住宅が建ちならぶ。誉田御廟山古墳に先行し、羽曳野丘陵上で最初に築かれた大型前方後円墳である。南側に修羅がみつかった三ツ塚古墳（助太山古墳・中山塚古墳・八島塚古墳の総称、写真右側）が見える。

古室山古墳 こむろやまこふん

藤井寺市古室2丁目／古墳時代前期末葉／
前方後円墳／墳長150m
仲ツ山古墳の南西側にある中型前方後円墳。前方部を北東に向ける。後円部頂上に板石の散乱があり、竪穴式石槨があると考えられている。出土の円筒埴輪から仲ツ山古墳に先行して築かれたとみられる。

市野山古墳 いちのやまこふん

藤井寺市国府1丁目／古墳時代中期後葉／
前方後円墳／墳長230m
石川左岸にのびる羽曳野丘陵の北端に築かれた前方部を北に向ける大型前方後円墳。二重周濠が備わるが、外濠、外堤部分は都市化が著しい。高槻市太田茶臼山古墳に墳丘規格上、共通点が多い。前方部前面の内堤上の発掘調査（写真右手前の駐車場隣接地）では、円筒棺、木棺墓、土壙墓がみつかっている。

21

[上] 墓山古墳 はかやまこふん

羽曳野市白鳥3丁目／古墳時代中期前葉／
前方後円墳／墳長225m
前方部を西に向けた大型前方後円墳。長持形石棺があり、古市古墳群のなかで5番めの大きさとなる。後円部の東側に向墓山古墳（写真右奥）、前方部前面の西側に浄元寺山古墳（写真手前）がある。2基とも一辺60〜70mの方墳で、墓山古墳にともなう陪塚と考えられる。

[下] 岡ミサンザイ古墳 おかみさんざいこふん

藤井寺市藤井寺4丁目／古墳時代中期後葉／
前方後円墳／墳長242m
誉田御廟山古墳から北西に張り出す丘陵上にある。幅の広い盾形周濠がめぐる。前方部を南西に向ける大型前方後円墳。開きぎみの前方部と退化傾向のある墳丘東側の造り出しが見える。後円部中央の北延長に西向きの前方後円墳、鉢塚古墳（写真手前）がある。後円部東側（写真左下）に古代船形の建物、藤井寺市立生涯学習センター「アイセルシュラホール」が見える。

古市古墳群南群を南からのぞむ。
左手下から順に峯ケ塚古墳、
野中ボケ山古墳、
岡ミサンザイ古墳、
中央右端が墓山古墳。
画面中央あたりに古代の水路、
古市大溝があった。

南群の並ぶ古墳を北から撮影。
手前より、はざみ山古墳、
野中宮山古墳、墓山古墳、
軽里大塚古墳。

古市古墳群の南群を西上空よりのぞむ。
手前は白髪山古墳、中央が軽里大塚古墳、
奥が高屋築山古墳、その奥を石川が流れる。
軽里大塚古墳は八の字に広がる羽のような姿をしていて、
ヤマトタケルの白鳥伝説が頭に浮かんだ。

高屋築山古墳 たかやつきやまこふん

羽曳野市古市5丁目／古墳時代後期前葉／
前方後円墳／墳長122m

前方部を西に向けるが、前方部の左右は非対称である。墳丘は著しく変形している。これは、中世河内の土豪の畠山氏の高屋城の本丸として利用されたためだと考えられている。埋葬施設は不明だが、横穴式石室の可能性が高い。高屋城山古墳の別名もある。

軽里大塚古墳 かるさとおおつかこふん

羽曳野市軽里3丁目／古墳時代中期後葉／
前方後円墳／墳長190m

前方部が発達した西向きの前方後円墳。幅のある盾形周濠がめぐる。北側の外堤上の遊歩道から周濠、墳丘をのぞむことができる。江戸時代にヤマトタケル墓の伝承があった数カ所の古墳のうちのひとつで、前の山古墳の別名もある。

白髪山古墳 しらがやまこふん

羽曳野市西浦6丁目／古墳時代後期前葉／
前方後円墳／墳長115m

古市古墳群南部にあり、前方部を西に向ける。前方部は広がり発達した様子が目立ち、後円部の直径に対して約2倍となる。古墳時代後期前半の特色である。後円部の東側、道路をはさんで小型の前方後円墳、小白髪山古墳が見える。

2017.6

1992.12

黒姫山古墳
くろひめやまこふん

堺市美原区黒山／古墳時代中期後葉／
前方後円墳／墳長114m

百舌鳥古墳群と古市古墳群の中間の低平な台地上に築かれた。墳丘は2段築成、前方部を西に向け、外側には盾形周濠がめぐる。前方部には副葬品埋納専用の竪穴式石槨があり、24領にのぼる短甲と冑のセットが出土している。後円部側に見える道路は阪和自動車道である。

2017.6

河内大塚山古墳
かわちおおつかやまこふん

松原市西大塚1丁目・羽曳野市南恵我之荘8丁目／
古墳時代後期後半／前方後円墳／墳長335m
百舌鳥古墳群と古市古墳群のほぼ中間にある。沖積地につくられた超大型前方後円墳。後円部に横穴式石室の用材とみられる巨石が露呈。周辺に中小の古墳もなく、単独の古墳である。前方部を北に向け幅が広く発達した様子がわかる。周濠は浅く、前方部が低平なことで知られる。前方部にはかつて東・西大塚村が存在した。

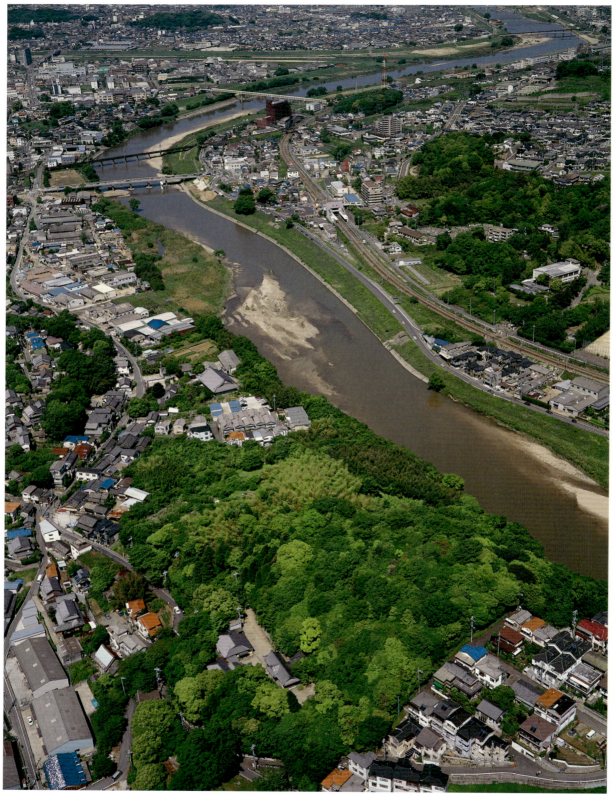

1998.5

1987.4

高鷲丸山古墳
たかわしまるやまこふん

羽曳野市島泉8丁目／時期は不明／
円墳／直径75m
古市古墳群の北方にある大型円墳。幅20mの周濠がある。考古資料に乏しく、時期不明。東南（写真奥）に一辺50mの大型方墳、島泉平塚古墳がある。近代になって2つの古墳をまとめて前方後円形の陵墓域がつくり出された。南側（写真右下）に羽曳野市立陵南の森総合センターがある。

松岳山古墳
まつおかやまこふん

柏原市国分市場1丁目／古墳時代前期後葉／
前方後円墳／墳長130m
大和川が大阪平野に流れ出る位置の南側丘陵上に築かれた。現在の大和川は付けかえられたために西へ流れるが、本来は生駒山西麓を北に流れていた。前方部を南西に向ける前方後円墳で、空からは樹木におおわれていて見えないが、後円部頂上に露呈する組合式石棺があり、周囲には板石が散らばる。石棺は長持形石棺の祖型と考えられている。対岸の丘陵には高井田横穴がある。

百舌鳥古墳群

八尾飛行場を離陸し大和川上空をすぎると、
列島最大の古墳
大山古墳が目に飛び込んでくる。
一番多く撮影している古墳だが、
訪れるたびに新しい発見がある。

東より、大山古墳と大阪湾、六甲山系をのぞむ。

［前ページ写真］

百舌鳥古墳群 もずこふんぐん

和泉丘陵から大阪湾に面してのびる上町台地上の大古墳群。約4km四方にかつては100基以上の古墳が分布していたといわれるが、開発が進み、現在は40基ばかりが残る。古市古墳群と同じく古墳時代中期（およそ5世紀代）を中心に築造された。大山古墳（現、仁徳天皇陵。写真中央奥）、南側に百舌鳥陵山古墳（現、履中天皇陵。写真中央左）、東側に土師ニサンザイ古墳（東百舌鳥陵墓参考地。写真手前）はいずれも超大型前方後円墳である。奥に大阪湾（古称は茅渟海）が見える。

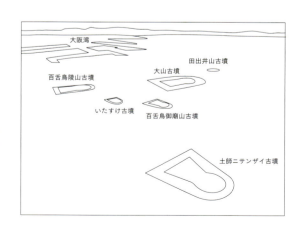

2017.6

北西より、百舌鳥古墳群と和泉山地をのぞむ。

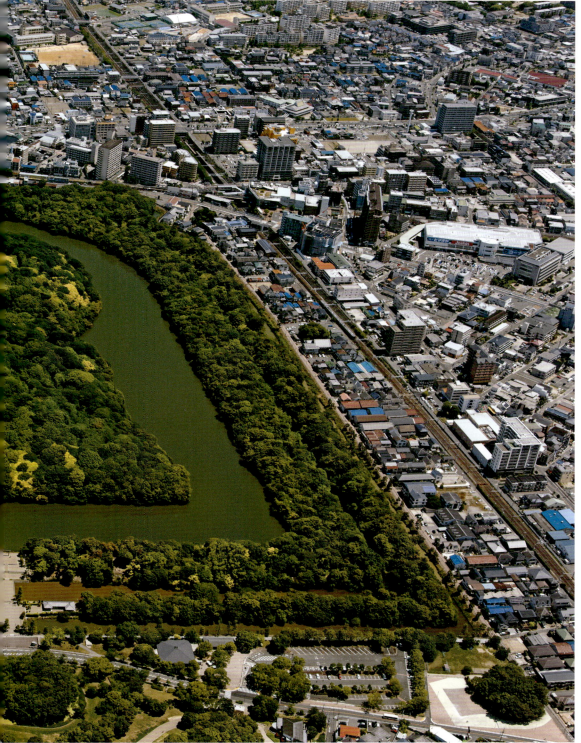

2017.6

大山古墳 だいせんこふん

堺市堺区大仙町／古墳時代中期後葉／前方後円墳／墳長486m

列島最大の前方後円墳。前方部を南西に向ける。現在、三重の盾形周濠がとり巻く。ただし築造当初から三重めが完周していたかどうかは不明である。周囲には十数基の陪塚がある。後円部側の陪塚、茶山古墳（円墳、直径55m）と大安寺山古墳（円墳、直径62m）は第2堤に付き、三重めの濠にとり囲まれた状態にある。くびれ部両側の造り出しは明確である。このうち東側造り出し（右側）からは須恵器大甕が採集された。墳丘や堤上には総数3万本に近い円筒埴輪が、何重にもとり巻いていたものと推測される。

1999.7

2017.6

百舌鳥陵山古墳
もずみささぎやまこふん

堺市西区石津ヶ丘／古墳時代中期前葉／前方後円墳／墳長365m

列島第3位の規模となる超大型前方後円墳。大山古墳の南にある。くびれ部両側に造り出しが見える。堤部分への宅地化が進んでおり、周濠は一重に見えるが、発掘調査の成果から二重周濠になることがわかっている。埴輪は円筒、朝顔形、家形、蓋形、靫形、甲冑形の出土がある。かつては陪塚とみられる10基の小古墳が周囲に存在したが、現存するのは4基である。このうち寺山南山古墳（方墳、長辺44.8m・短辺36.3m）の墳丘からは、初期の須恵器が出土している。

撮影日不詳

いたすけ古墳
いたすけこふん

堺市北区百舌鳥本町3丁／古墳時代中期中葉／前方後円墳／墳長146m

前方部を西に向けた中型前方後円墳。後円部から衝角付冑形の埴輪が出土している。1955年に墳丘を壊して土取する計画がもち上がった。考古学関係者を中心に広範な保存運動が起こり、翌年には史跡指定されたことで破壊をまぬがれた。墳丘南側造り出し部から周濠に向かって、土取工事用の橋の残骸が見える（写真中央右）。

2017.6

百舌鳥御廟山古墳
もずごびょうやまこふん

堺市北区百舌鳥本町1丁／古墳時代中期前葉／前方後円墳／墳長203m

前方部を西に向けた大型前方後円墳。かつては、百舌鳥八幡宮の奥の院であった。発掘調査で二重周濠になることが判明した。2008年の宮内庁と堺市の同時調査では、南側くびれ部にある造り出しから囲形埴輪と千木や鰹木を表現した家形埴輪が組み合って出土した。

2017.6

2017.6

土師ニサンザイ古墳 はぜにさんざいこふん

堺市北区百舌鳥西之町3丁／古墳時代中期末葉／前方後円墳／墳長300m

百舌鳥古墳群のなかで、最後に営まれた超大型前方後円墳で、前方部を西に向ける。両側くびれ部には造り出しがある。二重周濠がめぐる。濠水による浸食で墳丘裾の損傷が著しく、近年に護岸整備が実施された。発掘調査により後円部主軸線上の墳丘斜面から周濠内につづく柱列がみつかり、周濠にかかる木橋と考えられている。後円部東側の墓地（写真奥）は、1970年代なかばに周濠を埋め立てて造成されたものである。

2017.6

田出井山古墳 たでいやまこふん

堺市堺区北三国ヶ丘町2丁／古墳時代中期後葉／前方後円墳／墳長148m

百舌鳥古墳群の北端にある。前方部を南に向ける中型前方後円墳。発掘調査により二重周濠であることが判明した。反正天皇の「百舌鳥耳原北陵」となる天皇陵古墳だが、大王墓として評価を得るにはあまりにも規模が小さく、課題が多い。後円部側（写真奥）方違神社がみえる。

39

淡輪古墳群

大阪府の最南端、淡輪古墳群に向けて飛ぶ。
被葬者と海のかかわりの深さを表現するような角度から撮影。
右手、先端の岬町から友ヶ島にかけては、
大阪湾で唯一、自然の海岸線が残る。

1993.8

淡輪古墳群 たんのわこふんぐん

大阪府南西端の淡輪地域では、古墳時代中期に活発な造墓活動があった。大阪湾にのぞんだ丘陵上に大型前方後円墳の淡輪ニサンザイ古墳（写真左）、西陵古墳（写真右）、また大型円墳の西小山古墳がつぎつぎと築かれた。古墳群の形成をめぐっては、臨海性に富むが可耕地に恵まれないことから政権中枢から政治的に配置された可能性や、和泉山脈の向こう側に見える紀ノ川下流域（写真奥）北岸の勢力との関係性が考えられる。

1982.2

淡輪ニサンザイ古墳
たんのわにさんざいこふん

泉南郡岬町淡輪／古墳時代中期後葉／
前方後円墳／墳長180m
盾形の二重周濠がめぐり、後円部の外堤沿いに7基（現存6基）の陪塚（写真上）を配置する。両側くびれ部に造り出しがある。須恵器のタタキ技法を用いた大型の円筒埴輪は、底面に段差をもつなど特徴のある技法でつくられ、淡輪技法とよばれている。

1993.8

西陵古墳 さいりょうこふん

泉南郡岬町淡輪／古墳時代中期中葉／
前方後円墳／墳長210m

西側（写真手前）に造り出しをもち、一重の盾形周濠がめぐる。かつて後円部頂上に長持形石棺の蓋が露呈していたという。本来は竪穴式石槨が備わるものと推測される。東方800mに淡輪ニサンザイ古墳が見える。

43

河内・和泉の古墳

1996.10

全国的にめずらしい双円墳、金山古墳。
大阪府南河内郡河南町芹生谷上空から撮影。
そばを通る国道27号を奥へと行くと水越峠から葛城山、
金剛山を左右に見て、奈良県御所市の室宮山古墳へ着く。

整備前・整備後の
金山古墳
<small>かなやまこふん</small>

南河内郡河南町芹生谷／古墳時代後期末葉／双円墳／墳長85.8m

大阪平野南部の金剛山地西麓にある大小2つの円丘をつないだ双円墳である。北丘（左側）は2段、南丘（右側）は3段で築かれた。北丘には家形石棺をおさめた横穴式石室があり、南丘にも横穴式石室があるとみられている。周濠がめぐる。双円墳は稀な墳形であり、採用された背景をめぐり議論がある。

1985.2

1996.10

45

摩湯山古墳 まゆやまこふん

岸和田市摩湯町／古墳時代前期後葉／前方後円墳／墳長200m

百舌鳥古墳群の超大型前方後円墳に先行して和泉地域に築かれた大型前方後円墳。自然丘陵を削り、墳丘を形づくる。前方部を北西に向ける。周囲の池は灌漑用の溜池で、後世の事業が加えられているため、古墳本来の周濠は不詳。鰭付き円筒埴輪が採集されている。後円部側の外（写真手前右）に陪塚の馬子塚古墳があり、斜縁神獣鏡・管玉が出土している。陪塚の初期事例になる可能性がある。

1983.5

久米田貝吹山古墳
くめだかいぶきやまこふん

岸和田市池尻町／古墳時代前期後葉／前方後円墳／墳長130m

久米田貝吹山古墳は前方部を北西に向ける。鍵穴形周濠をもち、銅鏡・腕輪形石製品・小札革綴冑などが出土。百舌鳥古墳群の出現に先行して和泉地域で最初に築かれた前方後円墳である。

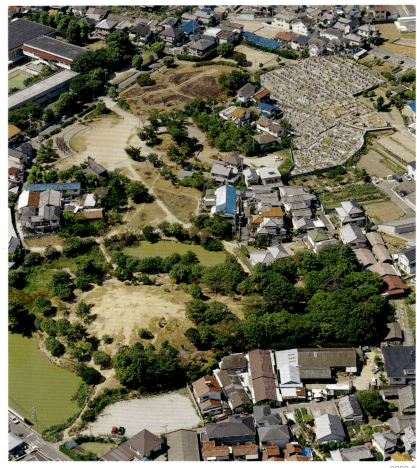

2000.8

2005.1

心合寺山古墳
しおんじやまこふん

八尾市大竹／古墳時代中期前葉／
前方後円墳／墳長160m
生駒山（写真奥）の西麓に築かれた前方後円墳。前方部を南に向け、墳丘は3段築成で、後円部頂上では3基の粘土槨が発掘調査された。くびれ部西側の造り出しでは、導水施設を表現した埴輪がみつかった。

撮影日不詳

整備前の心合寺山古墳

和泉黄金塚古墳 いずみこがねづかこふん

和泉市上代町／古墳時代前期末葉―中期初葉／
前方後円墳／墳長85m

和泉地域の中部にあたる信太山丘陵に築かれた前方後円墳。前方部を南西に向ける。墳丘は2段築成、円筒埴輪、家形埴輪が出土している。後円部に3基の粘土槨があり、中央槨からは魏の239年にあたる景初3年銘画文帯同向式神獣鏡、東槨からは革製漆塗盾などの出土があった。

黄金色の棚田と古墳をやや俯瞰して撮影。
墳丘長85メートルと小ぶりではあるが、
上空からはすぐ確認できた。

1990.12

1983.10

北方向から帝塚山古墳と住吉大社（上方の森）を撮す。
すっかり市街地化してわからないが、
ここは上町台地の南端、古くは摂津の地である。
写真上端に大和川が見える。

2017.6

2017.6

帝塚山古墳 てづかやまこふん

大阪市住吉区帝塚山西2丁目／古墳時代前期末葉／前方後円墳／墳長120m
大阪湾の東岸沿いの上町台地の西縁に築かれた。周囲は市街地化が進み不明の点もあるが、墳丘は2段築成、円筒埴輪と葺石がある。前方部を南西に向け、周濠がめぐる。古代の港津「住吉津」が至近にあったものと推測される。約1km南方に住吉大社がある。

2017.6

春日向山古墳 かすがむかいやまこふん

南河内郡太子町春日／飛鳥時代前半／方墳／
東西一辺65m、南北一辺60m

叡福寺北古墳の東南の丘陵上にある。墳丘は3段築成、各側辺は方位に揃う。周囲には空濠がめぐる。近世史料には、内部施設の石材露呈が記されている。

2017.6

山田高塚古墳 やまだたかつかこふん

南河内郡太子町山田／飛鳥時代前半／方墳／
東西一辺63m、南北一辺55m

大阪府南東部で二上山西麓の磯長谷にある。丘陵上に築かれており、周囲からも目立つ。各側辺が方位に揃う東西に長い大型方墳。墳丘は3段築成で、貼石が施されているという。外周の南面と東面には幅広い平坦面がある。墳丘第3段の南面には羨道部天井石と推定される石材が東西に併行して存在する。大和から河内へ改葬後の推古大王と竹田皇子の真陵とみられる。

二上山山麓の向こうに
奈良盆地をのぞむ。
ここは「近つ飛鳥」の地。
二上山右手「竹内街道」が
大和と河内を結んでいた。
手前の森の中に白く輝くのは
「河内ぶどう」のビニールハウス。
二上山とビニールハウスに
はさまれた中央の住宅地の
右手あたりに、終末期古墳が並ぶ。

2017.6

叡福寺北古墳
えいふくじきたこふん

南河内郡太子町太子／飛鳥時代前半／円墳（現況）／直径54.5m（現況）
河内飛鳥の磯長谷にのぞむ五字ヶ峯の南斜面を利用して築かれた。「結界石」と称される列石が二重にとり巻く。過去にたび重なる内部侵入があり、埋葬施設は岩屋山式横穴式石室とみられ、内部には3棺の配置があったと記録される。墳丘前面には現在、堂舎が2堂あり平坦面となる。さらに南は段差があり、主要伽藍のある平坦面（写真手前）となる。この段差も終末期古墳にみられる方形下段となる可能性がある。

2017.6

淀川北岸の古墳

淀川と高槻市を流れる芥川の
合流点付近から北に三島古墳群をのぞむ
今城塚古墳は古墳時代後期の
継体大王の墓であることが
はっきりしている古墳として有名だ。

2001.8

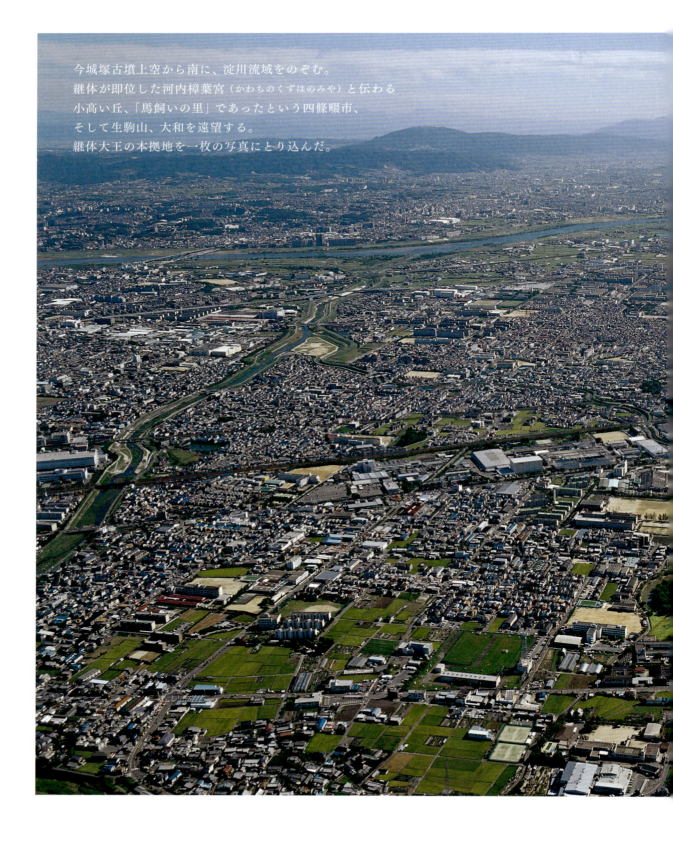

今城塚古墳上空から南に、淀川流域をのぞむ。
継体が即位した河内樟葉宮(かわちのくずはのみや)と伝わる
小高い丘、「馬飼いの里」であったという四條畷市、
そして生駒山、大和を遠望する。
継体大王の本拠地を一枚の写真にとり込んだ。

2001.9

2001.9

手前、継体大王の墓、今城塚古墳と大阪湾を入れて撮す。
この日は物がはっきりと確認できる最大の距離「視程」が50km以上もあり、
淡路島と紀州方面、その間の友ヶ島水道までのぞむことができた。
継体大王の勢力が海につながっていたことがよくわかる。

整備前の今城塚古墳

2001.9

今城塚古墳 いましろづかこふん

高槻市郡家新町／古墳時代後期前葉／
前方後円墳／墳長181m

継体大王の真陵として知られる。奈佐原丘陵縁辺の富田台地にあり、前方部を北西に向ける。前方部2段、後円部3段に復元され、発達した前方部の様子が観察できる。造り出しは両側にあり、二重の盾形周濠がめぐる。外濠は空濠となる。内堤の北側中央に張出しがあり、多彩な形象埴輪が出土した。儀礼行為を表現した埴輪群と考えられる。後円部頂上では、横穴式石室の基盤工がみつかった。なお、墳丘各所から二上山の石、竜山石、馬門石の3種類の凝灰岩の出土があり、それぞれ家形石棺材とみられる。大阪湾から淀川水運を利用した海上輸送でもたらされたものであろう。

2011.7

手前中央の高層マンション群と池の間の斜面に筋が見える。
ここが今城塚古墳・太田茶臼山古墳に
埴輪を供給した新池埴輪製作遺跡。
中央を左右に分断する名神高速道路の左手に今城塚古墳、
右手に太田茶臼山古墳が見える。

2011.7

太田茶臼山古墳 おおだちゃうすやまこふん

茨木市太田3丁目／古墳時代中期後葉／
前方後円墳／墳長226m

摂津東部の淀川北岸の三島地域には、古墳時代を通じて多くの古墳がつくられた。各古墳は丘陵、河川ごとに分布する。このうち太田茶臼山古墳は、安威川左岸の富田台地の土室・富田地域にある。前方部を南南東に向け、墳丘は3段築成、くびれ部両側に造り出しがある。外側には盾形周濠がめぐる。後円部側には、8基ほどの陪塚がある。なお、北東1kmに新池埴輪製作遺跡があり18基の埴輪窯が発掘調査された。100年にわたる断続的な操業が想定されており、出土埴輪の特徴から前半期は太田茶臼山古墳、後半期は今城塚古墳へ供給されたことが明らかとなった。

2011.7

大王の埴輪祭祀場

　継体大王の真陵と考えられている今城塚古墳が、長年の発掘調査・整備工事を終えて、緑豊かな「いましろ大王の杜」となってよみがえった。内濠には水鳥がたわむれ、野鳥の声が響く。隣接する今城塚古代歴史館とともに、古代のロマンを体感できる場として賑わっている。

　北側の内堤には、出土した多彩な埴輪──家・大刀・盾・人物・動物などの形象埴輪を忠実に復元した「埴輪祭祀場」ができた。儀礼行為を表現したと考えられる埴輪列の様子は圧巻だ。

　その中の馬列埴輪を、影を活かしてダイナミックに撮った。子どもたちは、これらの動物埴輪とふれあうことができ、古墳公園の人気スポットになっている。

畿近
辺周
を飛
ぶ

ヤマト政権の本拠地、奈良・大阪周辺には、地勢と深く関わっている古墳が多い。陸上交通の要衝にある古墳、古代に天然の良港だった潟湖を見下ろす古墳、眼下に瀬戸内海をのぞむ古墳など。そのため撮影では、それぞれの地域を治めていた首長の風格を感じることができるように、周囲の景観を効果的に配するよう心がけた。

山城の古墳

丹波・丹後の古墳

播磨の古墳

近江の古墳

山城の古墳

2015.6

大阪方面から京都にむかう交通の要衝、山崎。
整備された恵解山古墳を中央にシャッターを切る。
このあたりは明智光秀と羽柴秀吉が戦った山崎合戦で、
光秀が本陣を置いた場所らしい。
淀川をはさんで左に石清水八幡宮、右に秀吉が本陣を置いた天王山をのぞむ。
木津川、宇治川、桂川が出会う三川合流地点は雲が発生しやすい場所で、
上空で10分ほど旋回し、雲が切れそうになったときを狙って撮影できた。

整備前の恵解山古墳

1999.5

恵解山古墳 いげのやまこふん

京都府長岡京市勝竜寺・久貝／古墳時代中期前葉／前方後円墳／墳長128m
京都盆地西部の乙訓地域にある。桂川右岸の低い台地上に築かれた。前方部は南向きで、両側くびれ部に造り出しがあり、盾形周濠がめぐっている。墳丘は3段築成で円筒埴輪がならぶ。前方部に鉄器埋納施設があり、大量の鉄刀剣類、鉄鏃、ヤス状鉄製品などが出土した。

2015.6

1992.10

椿井大塚山古墳
つばいおおつかやまこふん

京都府木津川市山城町椿井／古墳時代前期前葉／前方後円墳／墳長175m

木津川（写真奥）右岸の南山城地域にある。墳丘は丘陵先端部を切断してつくられた。撥形前方部は西を向く。後円部の竪穴式石槨からは、三角縁神獣鏡などが三十数面出土した。1953年の銅鏡発見の契機となったのは、国鉄（現JR）奈良線の拡幅工事であった。線路が後円部を南北に分断して通っている。

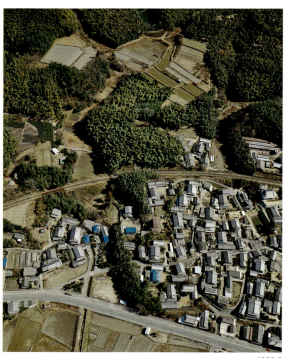

1986.3

1999.5

御廟野古墳 ごびょうのこふん

京都市山科区御陵上御陵野町／飛鳥時代後半／八角墳／対辺間距離42m（八角墳丘部分）

京都の山科盆地の北縁、北からのびる丘陵の南斜面を利用してつくられた。上下2段からなる方形段の上部に八角墳丘を設けている。墳丘は川原石で表飾され、最上段の縁辺には花崗岩の切石が据えられる。671年に近江大津宮で没したとされる天智天皇の真陵と考えられる。長くのびた参道（写真奥左側）は、近代に整備された。また、背後の北側に京都疎水（写真手前）が、木々の間を流れる。

2015.6

伏見桃山陵と伏見城跡

明治天皇の伏見桃山陵（写真中央）は、木幡山の伏見城本丸跡の南よりにつくられた。方形部分が一辺60mの上円下方形である。南山城盆地をのぞむ眺望にすぐれた場所にあり、選地は明治天皇の遺詔といわれている。1912年（大正元）9月に埋葬された。「伏見桃山山陵陵制説明書」によれば上円下方式の陵形は天智天皇陵、山地への埋棺方式は孝明天皇陵、拝所と兆域周囲の修景は神武天皇陵、礫石でおおうのは歴代天皇陵にのっとったものとされる。ならんで昭憲皇太后の伏見桃山東陵（写真手前）が伏見城名護屋丸跡にある。北西にみえるのは模擬天守（写真奥）で市営伏見桃山城運動公園内にある。

丹波・丹後の古墳

1989.11

大阪・八尾飛行場を午前10時にテイク・オフ、
丹波・丹後方面に向けて久しぶりの長距離フライト。
朝霧の亀山盆地上空を通過し、
デカンショ節のふるさとで有名な篠山盆地上空へ。
手前、雲部車塚古墳から奥の篠山市内を一望してシャッターを切る。

1989.11

雲部車塚古墳 くもべくるまづかこふん

兵庫県篠山市東本庄／古墳時代中期後葉／
前方後円墳／墳長140m

兵庫県東部の篠山盆地にある前方後円墳。前方部は東向き、盾形周濠がめぐる。周濠の外側には周庭帯がみられる。3基ほどの陪塚がともなう。1896年に地元民が後円部の埋葬施設を掘り出した。長持形石棺を納めた竪穴式石槨の内部には甲冑や馬具、多量の武器類が副葬されていた。

1999.5

千歳車塚古墳
ちとせくるまづかこふん

京都府亀岡市千歳町千歳車塚／古墳時代後期前葉／前方後円墳／墳長81m
南丹にあたる亀岡盆地を流れる大堰川左岸（写真奥）の平地部に築かれた。近畿中部と日本海地域の結節点にある地域首長墓である。前方部は北西に向き、発達した様子が観察できる。墳丘は3段築成、盾形の二重周濠がめぐる。今城塚古墳と同様に外堤に張り出し部がある。

1999.5

篠山城上空を通過して約25分で日本海側最大の前方後円墳、
網野銚子山古墳の上空に達した。
高度1200フィートで周辺を大きく左旋回し、
古墳の眼下に今は住宅地になっているかつての入江（潟湖）と日本海を入れて撮影。
高度を上げながら、北東間近にある神明山古墳へ向かう。

1989.11

1989.11

網野銚子山古墳 あみのちょうしやまこふん

京都府京丹後市網野町網野／古墳時代前期末葉／
前方後円墳／墳長198m

日本海側で最大規模の前方後円墳。丹後北部の福田川の河口にあり、眼下に日本海と潟湖を見下ろす丘陵上に築かれた。前方部を東に向け、墳丘は3段築成、円筒埴輪がならぶ。南側には周濠の痕跡が確認されている。後円部側に小銚子古墳、前方部側に寛平法王陵古墳が近接して築かれており、陪塚とみられる。

神明山古墳 しんめいやまこふん

京都府京丹後市丹後町宮／古墳時代前期末葉／
前方後円墳／墳長190m

丹後半島の竹野川河口に築かれた。網野銚子山古墳とほぼ同規模、よく似た立地環境にある。日本海の海浜部と潟湖を控えた丘陵上にある。墳丘は丘尾を切断してつくられたとみられ、3段築成、埴輪と葺石をともなう。くびれ部には造り出しがある。後円部に竪穴式石槨があるとみられる。滑石製合子や椅子形石製品が出土している。

1989.11

1989.11

　日本海の潟湖は古代から天然の良港として利用され、
その周辺は有力な豪族の勢力範囲だったであろう。
写真中央部の耕地はかつての竹野湖。

播磨の古墳

　　五色塚古墳と明石海峡大橋という古代と現代の大土木工事を一望するよう、
　ヘリコプターで低空撮影を試みた。
　　兵庫県内最大の古墳、五色塚古墳の墳頂部に立つと、
　眼下に明石海峡をのぞむことができ、海上交通を支配した大王になった気分。

2009.5

五色塚古墳 <small>ごしきづかこふん</small>

兵庫県神戸市垂水区五色山4丁目／古墳時代前期末葉—中期初葉／
前方後円墳／墳長194m

明石海峡をのぞむ海上交通の要衝に築かれた。明石川流域から離れた垂水丘陵先端にある。播磨と摂津の旧国境界付近に位置する。前方部は南向き、墳丘は3段築成、鍵穴形周濠がめぐる。周濠内には島状施設がある。後円部に石棺の存在を記す古記録がある。葺石、鰭付き円筒埴輪を含む埴輪列が復元整備された。また西隣には大型円墳の小壺古墳（写真右）が見える。

五色塚古墳の復元墳丘

　ひさしぶりに五色塚古墳を訪れた。肌を刺すような冷気が漂う冬至間近の快晴の日であった。JR山陽本線垂水駅から高台の閑静な住宅街を通り、入り口より墳丘の通路を上り詰めると墳頂部に着く。ここからは、船舶が往来する明石海峡、その向こうに淡路島、左手には大阪湾、右手には明石海峡大橋ごしに播磨灘と、一大パノラマが広がる。

　五色塚古墳は数ある古墳の中でも早い時期に復元整備され（1975年）、葺き石と埴輪列に囲まれた当時の姿を見ることができる。近頃はパワースポットとしても人気が高まっているようで、私が訪れた日も見学者が絶えなかった。

　私はしばらく、瀬戸内海の海上交通を支配した豪族の気分になって広大な景観をながめ、太陽が西に傾きかけてきて撮影開始。古代の人びとが船から眺めたであろう茜色の夕日に輝く葺石と朝顔形円筒埴輪列を、淡路島をバックに明石海峡大橋から播磨灘に沈みゆく太陽とともに撮った。そして、黄昏の刻々と変化する空の色とともに、後円部の円筒埴輪列を撮り終えた。

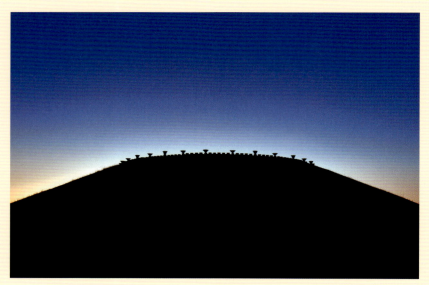

丁瓢塚古墳
よろひさごづかこふん

兵庫県姫路市勝原区丁／古墳時代前期前葉／
前方後円墳／墳長104m
兵庫県南部の西播地域の揖保川下流域西岸にある。締まったくびれ部から側面が弧状に開く撥形前方部をもつ。箸墓古墳の相似形の古墳として知られる。前方部を南に向け、前方部2段、後円部3段の築成とみられ、後円部には竪穴式石槨がある。山陰系壺形土器が採集されている。

1983.10

1983.10

行者塚古墳 ぎょうじゃづかこふん

兵庫県加古川市山手2丁目／古墳時代中期前葉／前方後円墳／墳長99m
兵庫県南部の東播地域の加古川左岸（写真奥）の西条古墳群のなかにある。短めの前方部を南西に向ける。墳丘は3段築成、両側くびれ部付近の造り出しのほかに後円部側にも2カ所の造り出しがある。くびれ部西側の造り出しには、導水施設形埴輪を配置する。後円部頂上には3基の粘土槨があり、舶載の金銅製帯金具が出土した。鍵穴形周濠がめぐる。周囲には後続して大型円墳の人塚古墳（写真奥中央）、尼塚古墳（写真左）が築かれた。

1983.10

玉丘古墳 たまおかこふん

兵庫県加西市玉丘町字水塚／古墳時代中期前葉／
前方後円墳／墳長108m

東播を流れる加古川中流域にある北条盆地の平地にある。前方部は南東向き、墳丘は3段築成、東側くびれ部に造り出しがある。外側には幅のある盾形周濠がめぐる。後円部中央に長持形石棺があり、直葬とみられる。周囲には数基の陪塚がある。

2015.6

壇場山古墳 <small>だんじょうざんこふん</small>

兵庫県姫路市御国野町国分寺／古墳時代中期前葉／
前方後円墳／墳長140m
西播地域の市川左岸の台地上に築かれた前方後円墳。
前方部は北西向き、墳丘は3段築成、円筒埴輪と形象
埴輪をめぐらせる。西側くびれ部に造り出しがあり、
外側には二重周濠がめぐる。後円部に直葬とみられる
長持形石棺がある。後円部側に陪塚2基がある。つづ
けて北側にある大型方墳の山之越古墳が築かれた。

山之越古墳 <small>やまのこしこふん</small>

兵庫県姫路市御国野町国分寺／古墳時代中期中葉／
方墳／一辺60m

2015.6

石の宝殿（生石神社）
いしのほうでん

竜山の丘陵の東斜面中腹にある。竜山石の岩盤に対して幅2m前後のコの字形の溝を垂直にうがつ。5〜6mの直方体として残った中央部分を整形する。背面は角状の突起、両側面は上下方向に幅1.6mの溝が形づくられた。背面と両側面は平滑に仕上げられている。製作目的や時期は不明だが、家形石棺の整形に共通する要素があり、7世紀代の埋葬施設未完成品説が有力である。石の前に見えるのは生石神社の社殿で、石の宝殿を神体としている。

2015.6

2015.6

竜山石採石遺跡 たつやまいしさいせきいせき

兵庫県南部の加古川河口（写真左側）付近にある竜山とよばれる丘陵は、古代以来の採石場である。北西から南東につづく長さ1.9km、標高113mの独立丘陵で、全山が溶結凝灰岩からなる。竜山石の名で知られ、古墳時代中期には近畿中部（奈良県・大阪府）の大型前方後円墳の棺となった長持形石棺の構成材として、さかんに伐り出された。水運が利用されたのだろう。

古墳時代の石棺から現代のビルの外壁まで、
石材を供給してきた竜山石採石場。
ここから南に播磨灘、瀬戸内海に浮かぶ家島諸島をのぞむ。

近江の古墳

1999.5

安土瓢簞山古墳
あづちひょうたんやまこふん

滋賀県近江八幡市安土町桑実寺／古墳時代前期後葉／前方後円墳／墳長134m

湖東の丘陵上に営まれた近江地域で最大規模の前方後円墳。前方部を北西に向ける。後円部では3基の竪穴式石槨が発掘調査され、銅鏡や車輪石をはじめとする多くの副葬品が出土した。奥に琵琶湖が見える。その手前の丘陵上に安土城がある。

1999.5

東へ飛ぶ

大阪に住む私が遠方の古墳を撮影する時は、各地の飛行場を利用する。かつて東の古墳王国・群馬を撮影した時は、群馬県館林の大西飛行場を飛び立った。高度1500フィートで前橋上空へ。広大な関東平野を利根川が蛇行して流れ、背後に上毛三山が連なる。撮影窓から雄大なパノラマが広がり、古墳の撮影にいっそう力が入った。

三重の古墳

愛知の古墳

長野・山梨の古墳

関東の古墳

東北の古墳

三重の古墳

馬塚古墳
うまづかこふん

三重県名張市新田／古墳時代中期後葉／
前方後円墳／墳長141m

女良塚古墳
じょろうづかこふん

三重県名張市新田／古墳時代中期前葉／
帆立貝形前方後円墳／墳長101m

名張盆地の西南部に古墳時代前期末葉から後期前葉の間、営まれた美旗古墳群を構成する。馬塚古墳は短めの前方部がつき、周濠は北側が盾形（写真左側）、南側が鍵穴形になる。女良塚古墳は帆立貝形の前方後円墳。鍵穴形の周濠がある。馬塚古墳に先行して築かれた地域首長墓である。

愛知の古墳

1987.7

断夫山古墳 だんぷさんこふん

愛知県名古屋市熱田区旗屋町／古墳時代後期前葉／
前方後円墳／墳長151m

熱田台地に築かれた東海地域で最大の前方後円墳。後円部3段の墳丘には円筒埴輪がともなう。前方部を南東に向ける。西側のくびれ部には造り出しがある。西側の道路（写真右端）に沿って流れる堀川は、古代のあゆち潟に注いでいた。南側の森は熱田神宮の境内地（写真奥）である。

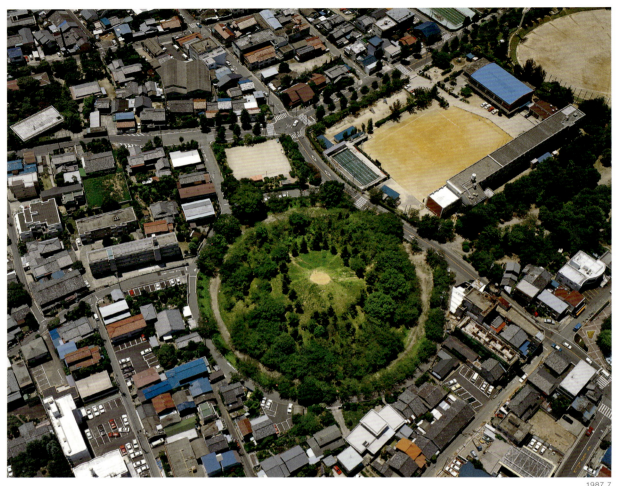

1987.7

八幡山古墳 はちまんやまこふん

愛知県名古屋市昭和区山脇町1丁目／
古墳時代中期中葉／円墳／直径82m
名古屋市中部の市街地に残る東海地域最大の円墳。
御器所台地の西縁にある。墳丘をとり巻く周濠と道
路となっている外堤が観察できる。かつて円筒埴輪
と形象埴輪が出土したといわれている。

1987.7

味美二子山古墳 あじよしふたごやまこふん

愛知県春日井市二子町／古墳時代後期前葉／
前方後円墳／墳長95m

名古屋市味鋺から春日井市味美にかけての洪積台地
上には、数多くの古墳が営まれている。そのなかで
もっとも規模が大きい。北西に向く発達した前方部
と開いた盾形周濠が見える。多彩な人物埴輪や馬形
埴輪の出土がある。

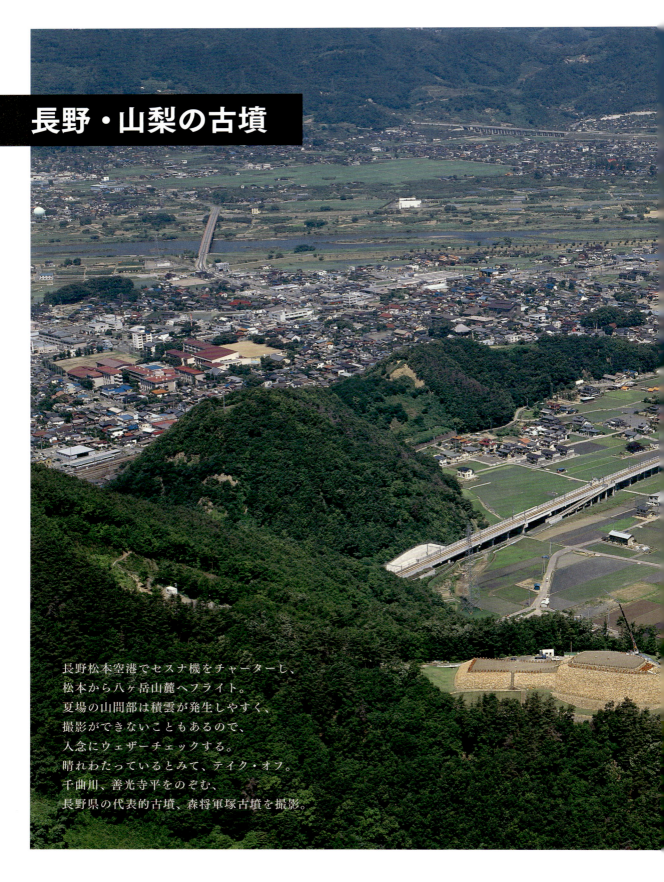

長野・山梨の古墳

長野松本空港でセスナ機をチャーターし、
松本から八ヶ岳山麓へフライト。
夏場の山間部は積雲が発生しやすく、
撮影ができないこともあるので、
入念にウェザーチェックする。
晴れわたっているとみて、テイク・オフ。
千曲川、善光寺平をのぞむ、
長野県の代表的古墳、森将軍塚古墳を撮影。

森将軍塚古墳 もりしょうぐんづかこふん

長野県千曲市大字森／古墳時代前期後葉／
前方後円墳／墳長99m

長野県北部の長野盆地をのぞむ有明山の尾根頂上に築かれた。墳丘は葺石におおわれている。地形上の制約から後円部は楕円形となる。また前方部と後円部の主軸も異なり、左右非対称となる。後円部には長大な竪穴式石槨が設けられた。整備後は埴輪列が復元されている。丘陵の向こうには千曲川（写真奥）が流れている。

1999.7

森将軍塚古墳撮影後、機首を甲府盆地へ。
途中、縄文時代の遺跡が点在する雄大な八ヶ岳山麓を見て、
笛吹川の上空へ。笛吹川と甲府盆地を見わたす
山裾に築造された銚子塚古墳。
甲斐の首長墓のイメージで撮影。

1999.7

甲斐銚子塚古墳 かいちょうしづかこふん

山梨県甲府市下曽根町／古墳時代前期末葉／前方後円墳／墳長169m
甲府盆地南西部、笛吹川左岸（写真中央）の曽根丘陵の麓に位置し、前方部を北
東に向ける。後円部の竪穴式石槨からは銅鏡や玉類、車輪石など多くの副葬品が
出土している。前方部前面に、大型円墳の丸山塚古墳がつづいて築かれた。

関東の古墳

1998.11

1998.11

龍角寺岩屋古墳 りゅうかくじいわやこふん

千葉県印旛郡栄町龍角寺／飛鳥時代前半／
方墳／一辺78m

下総の北印旛沼をのぞむ台地上に築かれた大型方墳。同時代の近畿中部の大王墓となる方墳を凌駕する規模をもつ。墳丘は3段築成。最下段テラスに開口する東西2基の横穴式石室は、貝化石砂岩を用いた切石積みでつくられる。周辺の首長墓は、7世紀前半ごろに前方後円墳から大型方墳に変化する。

空撮でたいへんなのは、空港の近くの撮影。
大型機と空中衝突したら大事故になるため、厳重な航空管制が敷かれている。
龍角寺古墳群は成田国際空港に近い。
古墳群からやや離れた安全な上空で旋回待機し、空港の管制官の進入許可を待つ。
しばらくすると許可が出たが、許可時間は短い。
わずか2分で撮影し、素早く現場を離れた。森の中に古墳群がある。

1998.11

埼玉古墳群 さきたまこふんぐん

埼玉県北部の利根川と荒川にはさまれた沖積平野に、5世紀後半から6世紀にかけて築かれた武蔵最大の古墳群。辛亥年銘鉄剣の出土で有名な埼玉稲荷山古墳(写真奥)、直径100mの大型円墳となる丸墓山古墳(写真奥左側)をはじめとする大型古墳9基と円墳35基、方墳1基からなる。群中で最大の古墳は墳長138mの埼玉二子山古墳(写真中央)。前方後円墳はいずれも長方形の多重周濠をもつ。

1998.11

稲荷山古墳 いなりやまこふん

埼玉県行田市埼玉／古墳時代中期末葉／
前方後円墳／墳長120m

471年にあたるとみられる辛亥年を刻んだ鉄剣を出土した前方後円墳である。115文字の銘文は「オホヒコ」から「ヲワケ」にいたる8代の系譜を記す。後円部頂上にある礫槨内から画文帯神獣鏡、鈴杏葉などとともに1968年の発掘調査で出土した。前方部を南西に向ける。長方形の周濠がめぐり、中堤には造り出しがある。

霞ヶ浦の西、阿見飛行場からフライト。奥に筑波山を入れて舟塚山古墳を撮影。その後、那珂川上空を通過して、栃木県旧那須郡の上侍塚・下侍塚古墳へ。

1998.11

舟塚山古墳 ふなづかやまこふん

茨城県石岡市北根本／古墳時代中期中葉／前方後円墳／墳長186m
恋瀬川左岸（写真奥）の台地縁辺に築かれた常陸最大の前方後円墳。前方部を西に向ける。3段築成の墳丘と幅広い盾形周濠が見える。円筒埴輪が出土している。また、滑石製模造品の出土が伝えられる。後円部は神社となり、周囲には数基の陪塚が存在する。

1998.11

上空から見て絵になりにくいが、上侍塚・下侍塚古墳は徳川光圀によって発掘された古墳として有名。手前に古墳を入れ、バックに那須連山を入れて撮る。

1998.11

上侍塚古墳 かみさむらいづかこふん

栃木県大田原市湯津上／古墳時代前期末葉／
前方後方墳／墳長114m
下侍塚古墳から約800m南に離れた那珂川右岸の段丘上にある。前方部を南に向ける。1692年（元禄5）の徳川光圀らの発掘調査により粘土槨とみられる埋葬施設から捩文鏡、石釧、甲冑類が出土した。

1998.11

下侍塚古墳 しもさむらいづかこふん

栃木県大田原市湯津上／古墳時代前期後葉／
前方後方墳／墳長84m
那珂川右岸の段丘縁辺に築かれた前方後方墳。前方部を南に向ける。発掘調査により盾形にめぐる周濠の存在が明らかとなる。1692年（元禄5）の徳川光圀らの発掘調査で銅鏡や鉄刀が出土した。北方約1kmには、調査の契機となった那須国造碑を祀る笠石神社がある。

手前は利根川、奥は榛名山系。東の古墳王国・群馬を象徴する景観を写す。
ここ榛名山麓は噴火による火山灰が厚く堆積していて、地下に遺跡が眠る宝庫だ。

1986.9

1998.11

1998.11

浅間山古墳 せんげんやまこふん

群馬県高崎市倉賀野町／古墳時代前期末葉／
前方後円墳／墳長171.5m

烏川と井野川にはさまれた倉賀野台地に位置する。南東向きの前方部は低く2段築成、後円部は3段築成とみられる。幅の広い盾形周濠が水田となった様子が見える。さらに外側に幅のある中堤と二重めの周濠の地割が観察できる。墳長123mの大鶴巻古墳（写真奥）の向こうには、烏川が見える。

関東の古墳撮影に群馬県の館林大西飛行場からテイク・オフ。
旧陸軍の飛行場で畑の中にぽつんとある（2004年廃止）。
約2時間のフライトで、群馬県の古墳と埼玉古墳群をまわる。
この日は強風と雲に悩まされたが、なんとか撮影できた。
眼下に倉賀野古墳群が広がる。盾形の周濠跡がはっきり見える。

朝子塚古墳 ちょうしづかこふん

群馬県太田市牛沢／古墳時代前期後葉／
前方後円墳／墳長123m

渡良瀬川に沿った大間々扇状地の先端の沖積平野にある。南東向きの前方部が細く長い様子が見える。前方部2段、後円部3段の築成。後円部頂上では、竪穴系の埋葬施設を長方形に囲うとみられる円筒埴輪列が確認されている。形象埴輪に壺形埴輪が含まれる。なお、後円部北側は道路建設で削られた。

太田天神山古墳 おおたてんじんやまこふん

群馬県太田市内ヶ島町／古墳時代中期中葉／
前方後円墳／墳長210m

群馬県南東部に位置する東日本最大の規模となる前方後円墳。前方部を南西に向ける3段築成の墳丘には円筒埴輪、家形・盾形・水鳥形埴輪が樹立する。埋葬施設は砂岩製の長持形石棺である。二重の盾形周濠がめぐり、陪塚の存在も指摘されている。男体山古墳の別名もある。また、北東に近接して帆立貝形の女体山古墳（写真右奥）がある。近畿中部の巨大前方後円墳の特徴と共通点が多い。

1986.9

1986.9

101

1998.11

保渡田古墳群 ほどたこふんぐん

榛名山（写真奥）の山麓に広がる扇状地とその末端に広がる沖積平野にある古墳時代中期後葉から後期前葉の古墳群。井出二子山古墳（写真左手前）、保渡田八幡塚古墳（写真右手前）、集落内にある保渡田薬師塚古墳（写真中央）がつぎつぎとつくられた。いずれも墳丘の全長約100mの前方後円墳である。整備後のすがたを示す八幡塚古墳では後円部周囲にある中島4基が見える。なお、同一水系となる井野川の下流域には、綿貫観音山古墳がある綿貫古墳群が位置する。

1998.11

綿貫観音山古墳 わたぬきかんのんやまこふん

群馬県高崎市綿貫町／古墳時代後期後葉／前方後円墳／墳長97m

群馬県中南部を流れる井野川下流域右岸（写真奥）に築かれた。前方部を北に向ける。前方部と後円部の高さがほぼ同じ2段築成の墳丘をなし、中堤と二重周濠がめぐる。後円部の横穴式石室は、角閃石安山岩のブロック状の石材を積み上げてつくられた。多様な形象埴輪が墳丘をめぐる。なかでも一弦口琴を奏でる女子座像は「三人童女像」と名づけられ、銅製水瓶など国際色豊かな副葬品とともに著名である。

1998.11

七輿山古墳 ななこしやまこふん

群馬県藤岡市上落合／古墳時代後期前半／
前方後円墳／墳長145m

群馬県南部の鏑川と鮎川の合流点近くの台地縁辺に築かれた前方後円墳。前方部を北西に向ける。3段築成の墳丘には円筒埴輪がともなう。円筒埴輪は7条突帯の大型品である。上空からは、前方部が広がった様子や幅のある盾形周濠が観察できる。後期古墳としては列島でも有数の規模であり、東日本では最大規模となる。

1997.7

東北の古墳

雷神山古墳 らいじんやまこふん

宮城県名取市植松／古墳時代中期前葉／前方後円墳／墳長168m
名取・仙台平野をのぞむ丘陵縁端部分に築かれた東北地域で最大規模の前方後円
墳。前方部を南西に向ける。前方部と後円部の高低差が大きい。前方部2段、後円
部3段の築成とみられる。壺形埴輪と二重口縁壺形土器が出土している。後円部の
北東には、直径54mの円墳である小塚古墳（写真左）が存在する。

仙台空港をふわりと舞い上がれば、もう目の前に東北最大の雷神山古墳の姿が。
写真奥にかすかに太平洋が見える。
古墳時代は墳丘から雄大な太平洋をのぞめたことだろう。
撮影後、再訪することはないだろうと思い、
もう一度旋回しシャッターを切り、機首を遠見塚古墳へ。

1997.7

遠見塚古墳 とおみづかこふん

宮城県仙台市若林区遠見塚／古墳時代前期末葉／
前方後円墳／墳長110m

名取・仙台平野を流れる名取川以北の微高地に営まれた前方後円墳。前方部を南に向ける。細く低い前方部に特徴がある。発掘調査の結果、周濠の存在が明らかになった。後円部に2基の粘土槨がある。前方部に接して国道4号仙台バイパスが見える。

1997.7

角塚古墳 つのづかこふん

岩手県奥州市胆沢区南都田／古墳時代中期末葉―
後期前葉／前方後円墳／墳長46m

日本列島の最北にある前方後円墳。北上盆地南部の段丘上に築かれた。後円部は2段築成で葺石があり、墳丘には円筒埴輪、人物・動物・家形の形象埴輪が立てられた。さらに周濠を備えている。仙台平野、大崎平野の古墳文化との広域交流が背景にあると考えられている。

塚廻り古墳群の女性埴輪

　東国最大の前方後円墳、群馬県太田市の太田天神山古墳の東約3kmの田園地帯に、塚廻り古墳群が点在している。7基ある帆立貝形古墳のうち、3号・4号墳を中心に形象埴輪がたくさん出土した。

　私は、『日本の古代遺跡16　群馬東部』（保育社、1987年）に載せるために、群馬県立歴史博物館の収蔵庫で国の重要文化財となった十数体の形象埴輪を撮影したが、その中でもっともファッショナブルで気に入っているのが写真の女性埴輪だ。「椅子に座り坏を捧げる巫女」（3号墳出土）と呼ばれる。

　巫女の正装なのだろうか、島田髷のように髪をゆい、顔にはベンガラ色の化粧をしている。耳には耳飾りをつけ、それに勾玉の首飾り、腕飾り、足飾りもしている。腰には五鈴鏡をかけている。

　東国では、秀逸なデザインの形象埴輪がたくさん作られた。

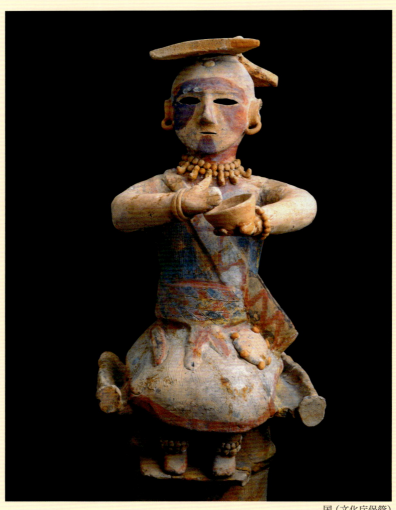

国（文化庁保管）

西へ飛ぶ

列島最大級の古墳群、宮崎県の西都原古墳群の撮影にチェレンジした時のこと。早朝、九州が快晴であることを確認してから、まず大阪空港を飛び立ち、鹿児島空港へ。そこで機を乗り換えテイク・オフ。エンジン音を響かせセスナ172型機はふわりと舞い上がり、左手に霧島連峰を望み、約40分で西都原古墳群上空へ。高度1600フィートで進入。3回ほど上空を大きく旋回して観察し撮影角度を決め、まず古墳群全体を撮影し、徐々に高度を下げ、各古墳を撮影した。

中国・四国の古墳

九州の古墳

中国・四国の古墳

1985.4

尾上車山古墳 おのうえくるまやまこふん

岡山市北区尾上・東花尻／古墳時代前期前葉／
前方後円墳／墳長135m

備中南東部の吉備中山の南西の尾根頂上にある。古代には山麓まで瀬戸内の入り江がおよんでいた。前方部を東に向ける。畑の耕作による変形もあるが、柄鏡形の前方部や3段築成の様子が観察できる。壺形埴輪の採集がある。別名ギリギリ山古墳ともいう。

1985.4

浦間茶臼山古墳 うらまちゃうすやまこふん

岡山市東区浦間／古墳時代前期初葉／前方後円墳／墳長138m

備前東部の低丘陵に築かれた吉備地域で最古の前方後円墳のひとつとみられる。北東向きの前方部が撥形に開く様子が観察できる。墳丘は前方部2段、後円部3段の築成、斜面には葺石がある。箸墓古墳の二分の一規格の相似形と考えられる。特殊器台形・特殊壺形埴輪が採集されている。後円部の埋葬施設は竪穴式石槨だが、乱掘が著しい。

1985.4

造山古墳 つくりやまこふん

岡山市北区新庄下／古墳時代中期中葉／
前方後円墳／墳長350m

備中南東部の足守川下流域右岸の台地上に築かれた列島第4位の超大型前方後円墳。前方部を南西に向け、3段築成の段築は明瞭、前方部も均整のとれた形状を示す。くびれ部両側には平面が台形の造り出しがある。墳丘斜面には葺石があり、円筒埴輪がめぐる。家形・盾形・蓋形・靱形埴輪の採集がある。周濠の状況については不明で課題を残す。前方部側に6基の陪塚がある。前方部前面には榊山古墳、さらに千足古墳（写真奥中央）が見える。

1985.4

作山古墳 つくりやまこふん

岡山県総社市三須／古墳時代中期後葉／
前方後円墳／墳長286m

備中南東部の高梁川分流以南の低い独立丘陵を利用して築かれた超大型前方後円墳。造山古墳の西約2kmに位置する。前方部を南西に向け、墳丘は3段築成、各段に円筒埴輪を配置する。北西くびれ部に造り出しがある。周濠はないが、後円部外縁が周囲よりも一段と高くなる。

1985.4

両宮山古墳 りょうぐうざんこふん

岡山県赤磐市穂崎・和田・馬屋／古墳時代中期後葉／
前方後円墳／墳長200m

備前東部の砂川中流域右岸に位置する。造山古墳、作山古墳についで吉備地域第3位の規模をもつ。前方部を南東に向ける。前方部と後円部の高低差はほとんどない。墳丘は3段築成。前方部は長めで、両側のくびれ部に造り出しがある。幅の広い盾形周濠は二重となる。周囲に数基の陪塚が存在する。帆立貝形の和田茶臼山古墳（写真手前左端）、帆立貝形の西森山古墳（写真奥中央）と廻り山古墳（写真奥左）が見える。

1982.7

手前の山中に石清尾山古墳群がある。すり鉢状のくぼみの中央は峰山公園の
芝生広場で、その外周の道沿いの森の中に古墳が点在している。
真上からは木々が茂り確認が難しい。海をはさんで奥の山裾が源平の合戦場だった屋島。

1982.7

鏡塚古墳 かがみづかこふん

香川県高松市峰山町／古墳時代前期前葉／
双方中円墳／墳長70m

瀬戸内海をのぞむ石清尾山塊には、積石塚が
集中的につくられた。古墳時代前期初葉前後
の鶴尾神社4号墳をはじめとして前期古墳が
顕著である。なかには双方中円墳の猫塚古
墳、鏡塚古墳も含まれている。鏡塚古墳は東
側尾根の最高所に位置し、墳丘は2段築成、
埋葬施設は不明である。

九州の古墳

1989.3

金立銚子塚古墳
きんりゅうちょうしづかこふん

佐賀市金立町金立／古墳時代前期末葉／
前方後円墳／墳長98m
脊振山南麓から佐賀平野にかかる微高地上にある。前方部は西向き、前方部2段、後円部3段で高低差が顕著である。低く細身で開きのない柄鏡形の前方部と、墳形に即した鍵穴形の周濠が観察できる。後円部の埋葬施設は、竪穴式石槨と推定されている。二重口縁壺の出土が特筆される。

御塚古墳 おんつかこふん

福岡県久留米市大善寺町宮本／古墳時代中期後葉／帆立貝形前方後円墳／墳長78m

権現塚古墳 ごんげんづかこふん

福岡県久留米市大善寺町宮本／
古墳時代中期末葉／円墳／直径56m

筑後川下流域の左岸の三潴地域の低台地上に、隣接して築かれた。御塚古墳（写真右側）は、帆立貝形前方後円墳で、幅の狭い三重の周濠がめぐる。前方部は道路下になるとみられる。権現塚古墳（写真左側）は大型円墳で二重の周濠がめぐる。周濠内からの新羅土器の出土が特筆される。なお、両古墳ともに円筒埴輪の出土がある。

1989.3

1982.3

九州最大の平野、筑紫平野を飛び八女へ。
「八女茶」で有名な茶畑が広がる。
東西にのびる八女丘陵を西から撮影。
手前に筑紫君磐井の墓とされる岩戸山古墳があり、
奥に古墳が点々とある。

1982.3

石人山古墳 <small>せきじんさんこふん</small>

福岡県八女郡広川町一条／古墳時代中期後葉／前方後円墳／墳長120m

筑後川支流の広川左岸の八女丘陵西部に位置する。後円部中央の横穴式石室の墓道前に立つ武装石人（甲冑形石製品）で著名である。石室内には、初期事例となる阿蘇溶結凝灰岩製の横口式石棺が置かれる。前方部を西に向け、北側くびれ部には造り出しがある。埴輪や初期須恵器の出土がある。有明海沿岸の広域連合を主導する地域首長の墓と考えられている。

1982.3

岩戸山古墳 <small>いわとやまこふん</small>

福岡県八女市吉田／古墳時代後期前葉／前方後円墳／墳長138m

八女丘陵中央部に位置する北部九州最大の前方後円墳。6世紀前半に築かれた古墳としては列島第4位である。墳丘は2段築成、後円部と前方部の高さはほぼ同じ。葺石は上段斜面にのみ施工される。前方部を西に向ける。盾形周濠に外堤がともなう。後円部の東側外堤には、方形の別区（写真下方）が付く。多種多量で大型の石製表飾（石人石馬）の出土で知られる。『筑後国風土記』逸文の検討から「磐井の乱」（527～28年）の当事者である筑紫君磐井の墓だとみられている。

1989.12

亀塚古墳 かめづかこふん

大分市里／古墳時代中期前葉／前方後円墳／墳長120m
別府湾をのぞむ丹生川左岸の丘陵上にある。墳丘は3段築成で円筒埴輪列がめぐる。前方部を南に向け、西側にくびれ部がある。前方部埋葬施設は、大型の組合式石棺で玉類、短甲、鉄刀の出土があった。

西都原古墳群

さいとばるこふんぐん

宮崎県の中央部を流れる一ツ瀬川の中流右岸の西都原台地と中間台地に広がる。南北2.4km、東西2.6kmの範囲のなかに300基以上の古墳が集中する。なかに男狭穂塚古墳、女狭穂塚古墳の2基の宮内庁の陵墓参考地を含み、帆立貝形前方後円墳、前方後円墳、円墳、方墳、さらには横穴墓、地下式横穴墓が混在する。最終は小円墳群となるが、古墳時代前期から後期までの各時期の古墳が見られる。とくに複数系列の首長墓が同時に築造される点は、近畿中部の大古墳群の構成に共通する。

1985年の春、森浩一先生企画の『日本の古代遺跡』の撮影の旅で、
桜前線とともに九州・岡山・秋田・青森へ、日本列島南北2000キロを体感した。
西都原古墳群では女狭穂塚古墳の前方部近くで、満開の桜を発見。
地上では花見の宴のブルーシートが見える。パイロットとともに花見を楽しむ。

1985.3

男狭穂塚古墳 おさほづかこふん

宮崎県西都市三宅／古墳時代中期前葉／
帆立貝形前方後円墳／墳長176m

女狭穂塚古墳 めさほづかこふん

宮崎県西都市三宅／古墳時代中期前葉／前方後円墳／墳長176m

列島最大の帆立貝形前方後円墳の男穂塚古墳（写真右側）と九州最大の前方後円墳の女狭穂塚古墳（写真左側）が、南北にならぶ。地中レーダー探査でともに墳丘全長176mで一致することが判明した。女狭穂塚古墳は3段築成、両くびれ部に造り出しがある。盾形周濠がめぐるが、西から南のみ二重となる。男狭穂塚古墳は後円部3段、前円部2段築成、二重周濠だが、前方部前面にはまわらない。従来、女狭穂塚古墳の築造により、前方部が途切れたなどと考えられていたが、相互に重複しないことが判明した。また、築造時期も近接するとみなされる。

1985.3

鬼の窟古墳 206号、おにのいわやこふん

宮崎県西都市三宅／円墳／古墳時代後期後葉／
東西直径36.4m、南北直径33.6m

西都原古墳群で最後に築かれた首長墓となる円墳である。埋葬施設は畿内型の横穴式石室で、群中で唯一とみられる。2段築成の墳丘と二重周濠、土塁状の堤が観察できる。

1985.3

1985.3

唐仁大塚古墳 とうじんおおつかこふん

鹿児島県肝属郡東串良町新川西／古墳時代中期初葉／
前方後円墳／墳長150m

肝属平野に築かれた中期の前方後円墳。前方部を南に向ける。後円部頂上の神社（写真手前）の下に、舟形石棺をもつ竪穴式石槨がある。周囲には多数の前方後円墳、円墳が築かれている。また、南西約2kmには塚崎古墳群があり、前方後円墳分布の最南端になる。

1985.3

横瀬古墳 よこせこふん

鹿児島県曽於郡大崎町横瀬エサイ／古墳時代中期後葉／
前方後円墳／墳長132m

前方後円墳分布の南限にあたる大隅半島に築かれた中期の前方後円墳。前方部を南西に向ける。志布志湾（写真奥）をのぞむ立地にある。後円部には竪穴式石槨があり、周辺の水田下には周濠の痕跡がある。

あとがき

　「奈良編」のあとがきでも記した日本経済新聞に掲載された記事「古墳の全貌　空から発掘」（2016年5月23日）で私は、今後の課題をふたつあげた。一つは、撮りためた膨大な量のポジフィルムのなかには色あせてきたものもあり、長く活用してもらうためにデジタル化して保存すること。もう一つは、最新の古墳の状況を記録するために、せめて畿内の古墳だけでもデジタルカメラで撮り直すことである。

　本書の企画は奇しくも、このふたつの課題に取り組むよいきっかけとなった。一つには、昨年の6月、緑の美しい快晴の日に、小型ヘリコプターで、古市古墳群、百舌鳥古墳群、そして奈良盆地の主要古墳を撮影することができたのである。小型ヘリコプターは2人乗り。長距離飛行には向かないが、ホバリング（停止飛行）や低速飛行ができるので撮影しやすい面もある。手にするのは大判カメラからデジタルカメラにかわり、2人乗りの狭い機内でも支障ない。本書の古市古墳群、百舌鳥古墳群の写真の多くは、その時に撮影したものである。

　一方、開発が進む前に撮影した古い写真には、古墳がつくられた当時の地形がよくわかるものもある。なかには桃源郷のような自然のなかにたたずんでいた風景を写したものもある。そうした古い写真を本書に収録するためにデジタルデータ化をはじめることになった。

　若いころは小型飛行機に5、6時間乗りつづけても平気で、飛行時間は年間200時間にもなったが、最近は体がついていかない。それでも、「こう撮ればおもしろいのではないか」「こんなタイミングで撮ってみたい」というアイデアはどんどん湧いてくる。今後もひと味違った古墳の航空写真を撮りつづけたいと考えている。

　最後になりましたが、「奈良編」のあとがきにも記したように、各古墳の解説を執筆していただいた今尾文昭さんの協力なしには本書はできませんでした。感謝申し上げます。また、日本経済新聞社の竹内義治さん、新泉社編集部の竹内将彦さんにも感謝します。

　2018年2月

　　　　　　　　　　　　　　　　　　　　　　　　　　　　梅原章一

古墳空中探訪［列島編］

2018年4月10日　第1版第1刷発行

著者───梅原章一
解説───今尾文昭
出版社───株式会社 新泉社
　　　　　東京都文京区本郷2-5-12
　　　　　電話 03 (3815) 1662
　　　　　ファックス 03 (3815) 1422
印刷・製本─東京印書館

©2018 Umehara Shoichi
ISBN978-4-7877-1804-4　C0021

梅原章一◎うめはら・しょういち
1945年兵庫県生まれ。
日本写真専門学校卒業。
写真スタジオ、航空写真プロダクションを経て、梅原章一写真事務所を開設。日本写真家協会会員。
1970年代より古墳の空撮をはじめ、今までに撮影飛行した回数は数知れず。全国の古墳を撮影している。2000年にそれらの写真をまとめた『空からみた古墳』（学生社）を刊行。また、奈良県立橿原考古学研究所附属博物館の常設展示図録『大和の考古学』、『図説　日本の古代』（中央公論社）、『日本の古代遺跡』シリーズ（保育社）、報告書『旧西尾家住宅』（吹田市教育委員会）、山東省文物考古研究所編『鑑耀文魯』（中国・文物出版局）、奈良県立橿原考古学研究所ほか編『鏡笵　漢式鏡の制作技術』（八木書店）、『ルイ・ルルー美術館』（光琳社）などの写真を担当。

解説
今尾文昭◎いまお・ふみあき
1955年兵庫県生まれ。
同志社大学文学部文化史学専攻卒業。博士（文学）。
奈良県立橿原考古学研究所調査課長を経て、現在、関西大学非常勤講師など。
主な著作：シリーズ「遺跡を学ぶ」093『ヤマト政権の一大勢力 佐紀古墳群』（新泉社）、『古代日本の陵墓と古墳1　古墳文化の成立と社会』『古代日本の陵墓と古墳2　律令期陵墓の成立と都城』（青木書店）ほか多数。

協力機関
群馬県立歴史博物館
文化庁

地図作成　あおく企画
ブックデザイン　堀渕伸治◎tee graphics